AF475791

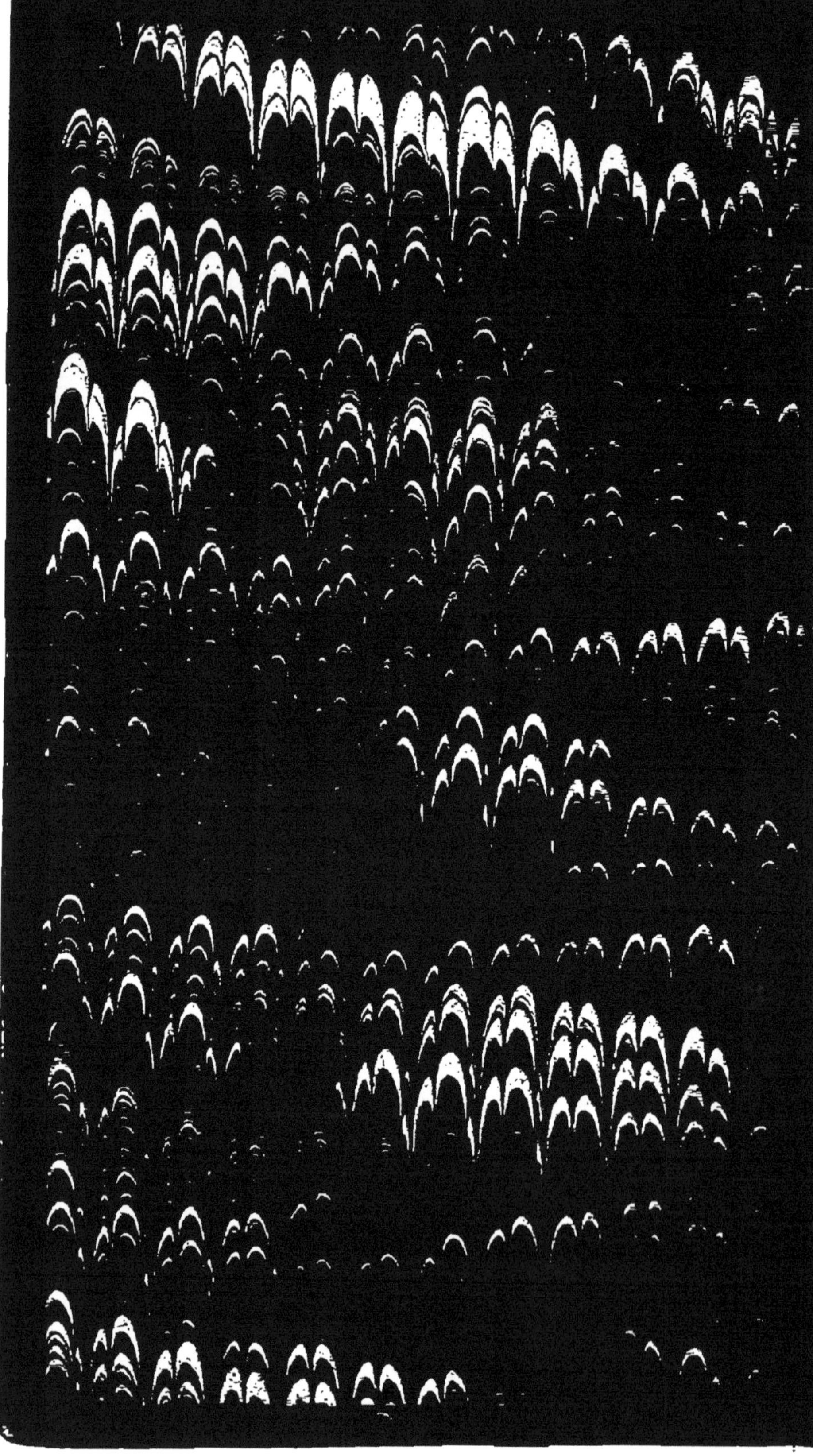

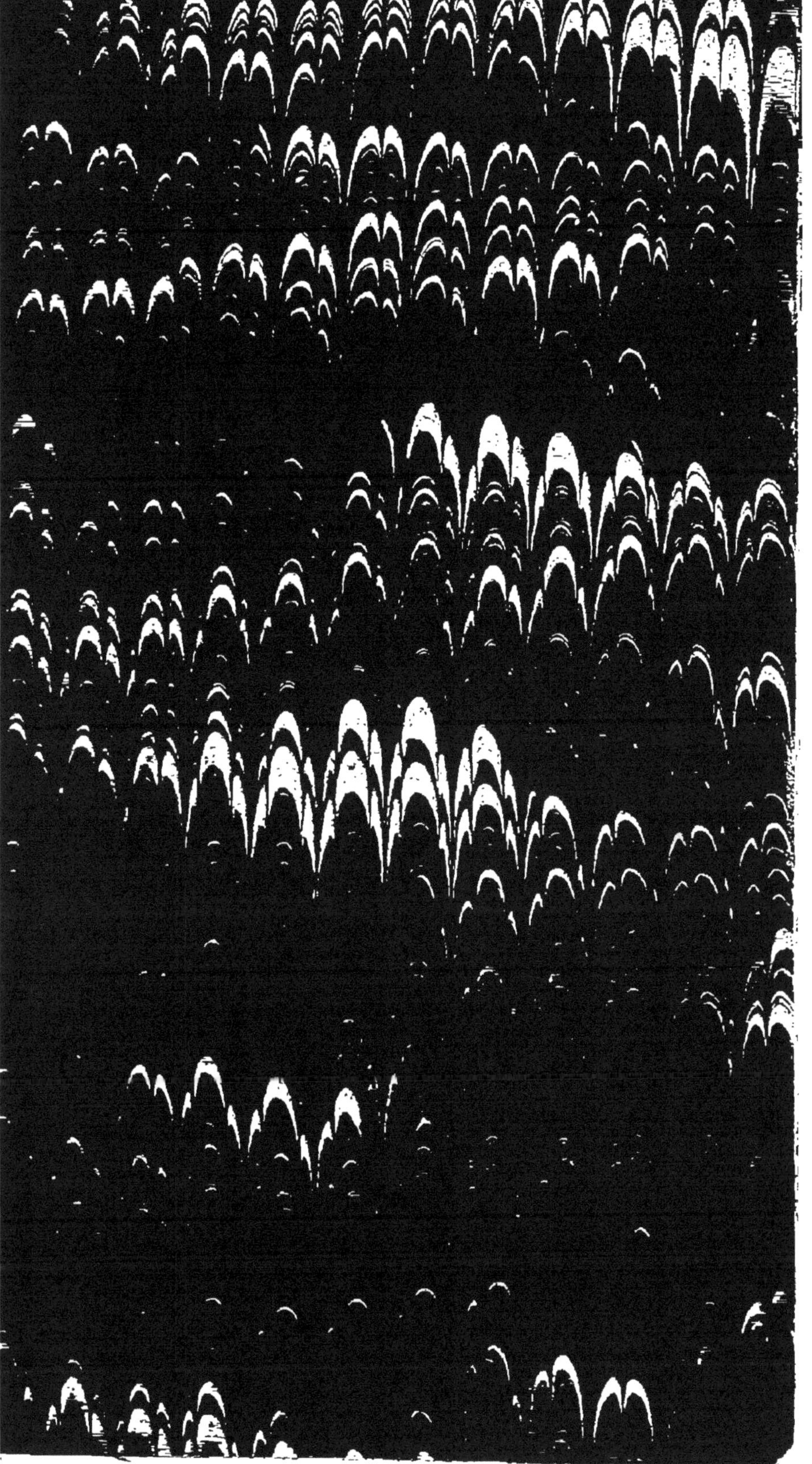

ESSAI

HISTORIQUE ET PATRIOTIQUE

SUR

LES ARBRES

DE LA LIBERTÉ.

ESSAI
HISTORIQUE ET PATRIOTIQUE
SUR
LES ARBRES DE LA LIBERTÉ.

PAR GRÉGOIRE, membre de la Convention nationale.

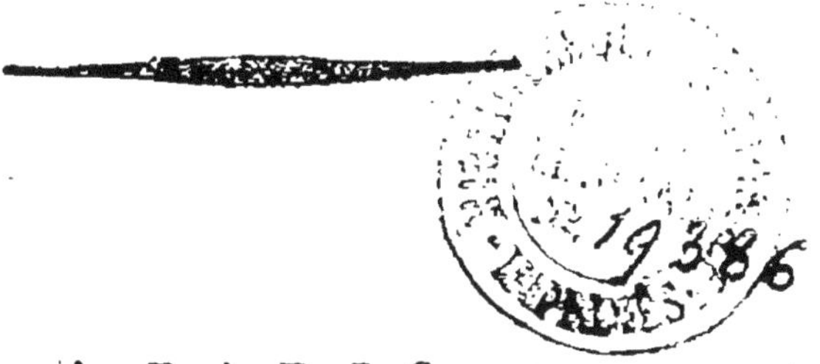

A PARIS,

Chez { DESENNE, libraire, maison Egalité,
BLEUET, FIRMIN DIDOT, } libraires, rue de Thionville.

An IIme de la République française.

DES ARBRES
DE
LA LIBERTÉ.

CHAPITRE PREMIER.

ARBRES SACRÉS CHEZ LES ANCIENS.

Un charme involontaire entraînoit les premiers hommes sur les montagnes et dans les forêts : les montagnes sembloient leur préparer un asyle contre les inondations, dont le souvenir les glaçoit encore d'effroi. D'ailleurs, sur ces cimes élevées, où se développe la majesté de la nature, leur ame s'agrandissoit avec l'horizon ; et de là ils aimoient à se considérer comme planant sur les erreurs et l'univers, comme intermédiaires entre le créateur et les êtres créés.

La profondeur des forêts, le silence des futaies majestueuses et sombres, impriment à l'ame des teintes religieuses. L'homme, échappé à la tourmente des passions et des malheurs, recherche la solitude, pour se replier sur soi-même, et jouir de son cœur sans autre témoin que la Divinité. Les autels sur les lieux hauts et dans les bois sacrés furent les premiers monuments de la religion des anciens.

Le choix d'un arbre ou d'un arbuste pour servir d'emblême religieux, politique ou moral, est sans doute bien naturel à l'homme, puisqu'on trouve cet usage chez tous les peuples, anciens et modernes. L'olivier étoit consacré à Minerve, le myrte à Vénus, la vigne à Bacchus, le laurier à Apollon, le cedre aux Euménides, le figuier à Mars, le peuplier à Hercule, le pin à Neptune, le chêne à Jupiter. L'antiquité représentoit des animaux et des plantes dans les monuments, sur les médailles, pour figurer la reproduction des êtres : c'étoient les emblêmes de la nature vivante, expirante et renaissante.

L'Egypte avoit choisi le *lotus*, qui est une espece de *nymphæa* ou *nénuphar*, dont la fleur réjouit les yeux, dont la tige servoit à faire des flûtes, dont la graine et les racines servoient à la nourriture (1). Cette plante est encore, dans les Indes, l'emblême de la beauté : Vitchnou est représenté nageant dans l'espace sur une feuille de *lotus*.

Athenes affectionnoit l'olivier : ses médailles ont, les unes la chouette seule, les autres la chouette et l'olivier réunis. Cependant les platanes y étoient en honneur : au *céramique* interne, c'est-à-dire dans la promenade des *tuileries* (2) situés dans la ville, on remarquoit un platane fameux, où les magistrats chargés de surveiller le costume des femmes affichoient les noms de celles qui se négligeoient à cet égard, et la peine qu'on leur infligeoit (3). A côté de la rue sacrée, et presque entre les deux céramiques ou tuileries, on trouvoit le *figuier sacré*, près duquel s'arrêtoit le cortege qui venoit de sacrifier à Eleusis (4). C'est ici le cas de rappeler encore une infamie royale. Les figues de l'Attique étoient très estimées. Athénée raconte qu'un roi de Perse ne trouva pas de meilleur moyen pour en avoir sans les payer que de déclarer la guerre à la Grece (5). Sans doute des milliers d'hommes furent égorgés parcequ'un tyran aimoit les figues. L'arbre qui les produit a conservé sa réputation; et actuellement encore, en Orient, le *figuier pagode* est, pour les Indiens, l'objet d'une vénération religieuse.

Palmyre et la Judée, les Phéniciens, les Carthaginois et les colonies fondées par ces peuples en Europe, avoient adopté le palmier, qui, par ses especes très multipliées, nourrit l'homme, le désaltere et l'habille (6). Les Babyloniens en vantoient une, qui, au rapport de Pline, leur fournissoit 360 sortes d'utilité, et que, par cette raison, ils regardoient commo l'emblême de leur année, composée d'un égal nombre de jours. Le palmier figuroit encore la durée des états, et sa feuille étoit un symbole triomphal ou commémoratif, dont l'usage s'est perpétué jusqu'à nos jours. Les Juifs des contrées septentrionales de l'Europe font venir annuellement d'Italie ou d'Orient des palmes pour la célébration de leur fête des tabernacles. L'Asie conserve cette vénération pour le palmier ; et dans ce pays, qui fut le berceau du genre humain, des fables ridicules, mêlées aux vérités primitives dont il fut dépositaire, persuadent à certains peuples que le palmier ayant été formé du reste de limon qui avoit servi à créer Adam, il y a entre cet arbre et l'espece humaine une parenté bien établie. (7)

Dans plusieurs contrées du Pérou les cérémonies du culte se pratiquoient sous le *palta* et le *lucuma*, deux especes d'arbres distinguées par la bonté de leurs fruits, par la beauté de leurs tiges, et qui formoient communément un bosquet autour des cabanes (8). Chez les sauvages de la mer du sud les voyageurs ont trouvé l'usage de planter pour chaque individu un arbre qu'il regarde comme sacré. A la naissance de leurs enfants, quelques Américains plantent un bois d'acacias, qui, à l'époque de leur mariage, suffit pour les doter ; et le blanc de Hollande, qu'on appelle encore *ipreau*, a pris cette dénomination de la coutume qu'avoient autrefois, dit-on, les habitants d'Ipres d'en faire des plantations dans les mêmes circonstances.

Vous avez lu l'histoire attendrissante de *Paul* et *Virginie*. A leur naissance leurs meres avoient planté deux cocotiers, qui, en croissant, enlaçoient leurs palmes, et dont l'existence formoit leurs archives. Mon frere, disoit Virginie, est de l'âge du grand cocotier, et moi de l'âge du plus petit.

Mais la plupart des arbres prolongent leur existence au-delà des bornes de la vie humaine. La mort moissonna ces vertueux enfants : ils furent inhumés près l'un de l'autre, sous une touffe de bambous ; les palmiers leur ont survécu.

CHAPITRE II.

DU CHÊNE.

Le chêne fut toujours pour l'Europe ce qu'étoit le palmier pour l'Afrique et l'Asie. Les anciens plaçoient dans les forêts de chêne les Dryades et les Hamadryades : chacune de ces dernieres étoit attachée à un arbre qui naissoit et mouroit avec elle. (1)

Ovide raconte, dans ses Métamorphoses (2), l'histoire d'Erésicthon, qui abattit un bois consacré à Cérès, et sur-tout un chêne si gros, que seul, dit le poëte, il étoit une forêt, *una nemus*. On y attachoit des bandelettes et des tableaux votifs. Au premier coup de cognée l'arbre gémit; il en sortit du sang, et une voix lui dit : « Tu fais mourir une nymphe renfermée sous cette écorce et chérie de Cérès; mais bientôt ta mort me vengera». Erésicthon expira dans les horreurs d'une faim dévorante.

Faut-il rappeler ici tous les autres contes de la mythologie ; les arbres et les rochers sensibles à la musique d'Orphée ; Philémon changé en chêne, et Baucis en tilleul ; la toison d'or suspendue à un chêne; et l'apologue de la cognée, qui demande, dans une forêt, un chêne pour se faire un manche? on le lui accorde ; alors elle emploie ses forces à détruire la forêt : image sensible de l'ingratitude. C'est ainsi que, chez les anciens, d'heureuses fictions servoient de véhicule à la morale.

Les Grecs et les Romains, dans leurs sacrifices, ornoient les autels de rameaux de chêne; et le laboureur n'osoit commencer sa moisson qu'il n'eût auparavant couronné sa tête de feuillages de chêne et chanté des vers en l'honneur de Cérès.

Les anciens Russes, allant par mer à Constantinople, s'arrêtoient, dit Constantin Porphirogenete, à l'isle S.-Grégoire, sous un très gros chêne pour immoler des oiseaux.

Vous connoissez cette belle description que fait Lucain d'une forêt sacrée des environs de Marseille. L'armée de César n'osoit y toucher : le premier il y porta la hache; et les troupes, rassurées en voyant que les divinités des bois ne l'avoient pas foudroyé, seconderent ses efforts. La chûte de cette forêt, vénérable par son antiquité, déchiroit l'ame de nos aïeux. On sait avec quelle solemnité les Gaulois alloient cueillir le *gui*. L'imposture disoit et l'ignorance répétoit qu'à cela étoit attaché le bonheur de la nation. Dans les chênes ils révéroient Esus, la divinité suprême. Ce culte s'est perpétué en France jusqu'aux douzieme et treizieme siecles. (4)

Par une suite de cette inquiétude qui porte l'homme à sonder l'avenir, on vouloit que les chênes de Dodone rendissent des oracles. Ils étoient prophétiques en ce sens que quand ils avoient peu de fruits, cela présageoit une disette; car on sait que les Arcadiens et plusieurs autres peuples antiques vivoient de gland avant que les procédés de l'agriculture leur eussent appris la culture du froment. Pline le naturaliste assure que de son temps beaucoup de peuples étoient encore balanophages ou glandivores. Il cite entre autres l'Espagne, où l'on servoit des glands au dessert (5) : cet usage s'y est conservé : le chêne à glands doux fournit encore aux Espagnols une nourriture saine et savoureuse.

L'art de la greffe, qui fait journellement d'heureuses acquisitions, multipliera peut-être les avantages de cette espece de chêne, dont la culture seroit d'ailleurs également utile et facile en France

Le soc ouvrit le sein de la terre, et les champs se couvrirent de moissons; mais, pour conserver le souvenir des temps primitifs, et marquer le passage de la vie agreste à l'état social, dans la solemnité des noces, chez les Grecs, lorsque l'on conduisoit l'épouse à la maison de l'époux, un enfant, qui portoit du gland et du pain, précédoit en criant : *J'ai quitté le mauvais, j'ai trouvé le bon.* (6)

Chez les Romains un chêne planté devant la maison en étoit regardé comme le protecteur (7). C'est à cet arbre qu'ils suspendoient les dépouilles des ennemis vaincus, à l'imitation, sans doute, de ce qu'avoit fait Enée après avoir tué Mézence. Les ambassadeurs romains prirent les chênes à témoin que les Eques avoient rompu l'alliance.

Les consuls Domitius et Dolabella ayant établi un concours pour les poëtes, le feuillage du chêne servit à tresser les couronnes décernées au capitole à ceux qui avoient mérité le prix. Le même genre de récompenses étoit accordé à celui qui avoit sauvé la vie d'un citoyen. Gellius proposa au sénat d'en donner une à Cicéron, qui, en dévoilant la conjuration de Catilina, avoit sauvé, non seulement un citoyen, mais la patrie (8). Quelles raisons déciderent la préférence accordée au chêne pour les couronnes civiques ? Plutarque en allegue plusieurs, les unes sensées, les autres puériles : c'est, dit-il, parceque le chêne se trouve par-tout, parceque cet arbre est né le premier (9), etc.

L'adulation, qui corrompt tout, profana dans la suite les couronnes civiques en les décernant aux tyrans. Car on trouve des médailles de Caligula avec le gland et l'inscription *Ob cives servatos*; de Vespasien, avec la couronne de chêne et la légende *Libertate populi romani restituta* ou *Adsertori libertatis publicæ*. (10)

A quel excès d'avilissement étoit réduit ce peuple, qui, en baisant les fers imposés par ses tyrans, les proclamoit ses libérateurs! En France, le mérite recevra la couronne civique des mains de la justice, chez un peuple rendu à la nature et à la liberté.

CHAPITRE III.

EMBLÊMES DE LA LIBERTÉ.

Les hommes étant destinés à vivre libres et la liberté étant après la vertu le premier des biens, comment se peut-il que le globe, toujours chargé de tyrans et d'esclaves, ait retenti sans cesse des crimes de ceux-là et des gémissements de ceux-ci? Telle est la ſorce du penchant qui entraîne l'homme vers la liberté, qu'au milieu des fers il tâche d'en alléger le poids par le charme des illusions, et dans les objets qui l'entourent il en cherche l'image.

La liberté ſut révérée des Grecs sous le nom d'Eleuthérie. Tiberius Gracchus lui bâtit sur le mont Aventin un temple magnifique, soutenu de colonnes de bronze et décoré de statues. Quand Jules César eut asservi les Romains, ils éleverent un temple nouveau à la liberté pour aduler servilement celui qui détruisoit la leur.

Le vin est le pere de la joie, disoient les anciens, et, parmi les productions de la nature, la vigne leur parut un emblême très caractéristique de la liberté : le dieu du vin s'appeloit également Bacchus ou Liber. (1)

Dans quelques médailles elle est représentée sous la figure d'une femme accompagnée de deux suivantes.

D'autres médailles la présentent tenant de la main droite un bonnet et de la gauche la *haste pure*.

Appien raconte que quand on eut égorgé César, les estimables tyrannicides promenerent dans la ville un bonnet au bout d'une pique en signe de liberté (2), et des médailles furent frappées avec l'image d'un bonnet entre deux poignards ; le génie républicain lançoit encore quelques étincelles intermittentes. Ainsi, à la mort de Séjan, il fit éclater sa joie en érigeant une statue à la liberté sur la place publique.

Ainsi, après que Caligula eut été massacré, Cassius Chéréa vint demander le mot aux consuls ; et le mot qu'ils donnerent fut celui de *liberté;* ce qu'on n'avoit pas vu de mémoire d'homme. (3)

Ainsi, à la mort de Néron, l'alégresse fut universelle ; le peuple de Rome et des provinces prit le bonnet de la liberté, dont il multiplia les images sur les statues, sur les monnoies.

Alciat propose pour emblême de la république délivrée un bonnet entre deux poignards : il convient avec tous les écrivains que le bon-

2.

net, étant le signe de l'affranchissement, fut toujours le symbole le plus généralement admis de la liberté ; et, après un étalage d'érudition vaine pour prouver que les Garamantes faisoient des bonnets avec des coques d'œufs d'autruche et que les anciens Grecs étoient toujours tête nue, il raconte que les Grecs de son temps, réfugiés en Italie pour se soustraire au despotisme ottoman, avoient conservé l'usage d'un bonnet comme symbole de leur liberté. (4)

CHAPITRE IV.

ARBRE DE LA LIBERTÉ.

L'USAGE de planter le mai étoit originairement un hommage à la nature qui, au retour du printemps, s'embellit de tous ses charmes et déploie toutes ses graces. A Rome et dans toute l'Italie le premier mai la jeunesse sortoit par troupes, au lever de l'aurore, pour aller cueillir des rameaux verds dont on ornoit les portes des maisons. Ces troupes revenoient en dansant au son des instruments : dans l'intervalle, les peres, les meres, les amis, avoient dressé au milieu des rues des tables ſrugales où tous les citoyens conſondus ne ſormoient qu'une famille. La ſête du premier mai se répandit dans presque toute l'Europe. Mais cet usage, qui présentoit quelque chose de touchant dans son origine, dégénéra par l'application que la flatterie en fit aux objets de son affection. Ces grands arbres auxquels on attachoit des guirlandes, et qu'on plantoit devant la maison de ce qu'on appeloit *gens en place*, étoient un reste de cette fête ; et ce n'est pas, dit Cahusac (1), la seule occasion où l'orgueil a usurpé les droits du plaisir.

L'usage du mai étoit passé d'Angleterre (2) en Amérique ; mais sur les rives de la Delaware il avoit déja recouvré sa dignité primitive, et les *mays* ou *may-poles* y étoient dans chaque commune le signal du ralliement des citoyens.

Pendant la guerre que nos freres les Américains ont soutenue contre le tyran de Londres, à Boston ils avoient désigné pour servir d'emblême à la liberté un arbre dont la grosseur et la vétusté imprimoient une sorte de respect. Les Anglois qui depuis vingt ans se sont couverts d'ignominie en s'armant deux fois contre la liberté, les Anglois couperent cet arbre : et quand Wasington entra dans cette ville, les Bostoniens s'empresserent de lui montrer la place qu'avoit occupée l'objet de leurs regrets.

Chez nous les *mais* que plantoient l'estime, l'amitié ou l'amour, ont été consacrés à l'amour de la liberté, dont la nature féconde est le symbole. Le premier qui paroît en avoir donné l'exemple est Norbert Pressac, curé de S.-Gaudens près Civray, département de la Vienne. En mai 1790, le jour de l'organisation de la municipalité, il fait arracher dans la forêt un chêneau de belle venue et le fait transporter sur la place du village, où les deux sexes réunis concourent à le planter ; il les harangue ensuite sur les avantages de la révolution et de la liberté. « Au pied de cet arbre, « dit-il, vous vous souviendrez que « vous êtes Français, et, dans votre « vieillesse, vous rappellerez à vos « enfants l'époque mémorable à la- « quelle vous l'avez planté ». Alors tous les citoyens qui avoient des procès consentent, sur sa demande, à les terminer par arbitres; ils s'accordent sur le choix, s'embrassent après avoir entendu leur sentence; et les chants de l'alégresse terminent cette fête digne d'un peuple libre. (3)

Chez les Français un sentiment patriotique a toujours l'effet d'une étincelle électrique : elle imprima une salutaire commotion, sur-tout en mai 1792; à l'époque où nos ennemis redoubloient d'efforts, on vit dans toutes les communes des arbres magnifiques élever leurs têtes majestueuses et défier les tyrans: le nombre de ces arbres monte à plus de 60 mille; car les plus petits hameaux en sont ornés, et beaucoup de grandes communes des départements du midi en ont dans presque toutes les rues ou même devant la plupart des maisons. Mais comme le desir de se procurer des tiges gigantesques n'avoit pas permis de choisir des arbres enracinés, il résulte de leur desséchement l'effet inévitable d'une destruction prochaine.

De prétendus philosophes croient se donner du relief en considérant l'homme dans un état abstrait et toujours isolé de ses sens. Le législateur adopte au contraire tous les moyens de lier les objets sensibles aux institutions politiques.

Et, puisque le peuple français a lui-même déterminé l'objet qu'il regarde comme le type de ce qu'il chérit le plus; puisqu'il est résolu de défendre *l'arbre de la liberté* comme des soldats défendent leur drapeau; il est très sage ce décret de la Convention nationale, « Dans toutes les « communes de la république où « l'arbre de la liberté auroit péri, « il en sera planté un d'ici au pre- « mier germinal. Elle confie cette « plantation et son entretien aux « soins des bons citoyens, afin « que dans chaque commune l'ar- « bre de la liberté fleurisse sous « l'égide de la liberté française. (4) »

L'esprit du décret est évidemment que l'on plante un individu vivant pour remplacer ceux dont la végétation est éteinte. La nature dépérissante ou morte ne doit être que l'emblême du despotisme; la nature vivante et productrice, qui se fortifie et répand ses bienfaits, doit être l'image de la liberté qui agrandit son domaine et mûrit les destinées de la France pour la placer au premier rang sur la scene de l'univers.

CHAPITRE V.

LE CHÊNE DOIT ÊTRE PRÉFÉRÉ POUR L'ARBRE DE LA LIBERTÉ.

Il seroit ridicule sans doute de nous traîner servilement sur les pas des anciens quand nous pouvons être *nous*. Faisons les choses non par imitation, mais parcequ'elles sont bonnes ; et comme les raisons qui avoient dirigé l'affection de nos ancêtres vers le chêne sont de tous les temps, cet arbre paroît devoir être par excellence *l'arbre de la liberté.*

L'arbre destiné à devenir l'emblême de la liberté doit être en quelque sorte fier et majestueux comme elle : il faut donc,

1°. Qu'il soit assez robuste pour supporter les plus grands froids, sans quoi un hiver rigoureux pourroit le faire disparoître du sol de la république, comme il est arrivé à tous les noyers de France en 1709.

2°. Il doit être choisi parmi les arbres de premiere grandeur et qui s'élevent de 80 à 130 pieds; car la force et la grandeur d'un arbre inspirent un sentiment de respect qui se lie naturellement à l'objet dont il est le symbole.

3°. Sa circonférence doit occuper une certaine étendue de terrain : ce qui, ajoutant au sentiment qu'aura fait naître la considération de sa force, le rendra plus capable de remuer les sens et de parler fortement à l'ame.

4°. L'ampleur de son ombrage doit être telle que les citoyens trouvent un abri contre les pluies et les chaleurs sous ses rameaux hospitaliers.

5°. Il doit être d'une longue vie, et, s'il ne peut être éternel, qu'au moins il soit choisi parmi les végétaux dont la durée se prolonge pendant des siecles.

6°. Il faut enfin qu'il puisse croître isolément dans toutes les contrées de la république.

Or le chêne, le plus beau des végétaux d'Europe, réunit non seulement ces avantages, mais il possede encore celui d'être le bois le plus utile dans tous les objets d'architecture civile et navale. Les artistes ont reconnu que ces belles charpentes de Paris, qu'on avoit crues d'abord de châtaignier, étoient de bois de chêne (1). Dans la construction des vaisseaux le chêne tient le premier rang, et c'est avec raison qu'Evelyn l'appelle *le gardien du commerce et de la liberté :* il est préféré pour les futailles, les palissades et le pilotis. Il peut dans l'eau résister à la destruction pendant quinze siecles, ou plutôt il est impossible de fixer le terme de son existence.

Son écorce fournit aux arts des

substances que rien ne remplace: après avoir servi de tan pour préparer les peaux et façonner les cuirs, elle s'emploie dans les couches des serres chaudes, ou se convertit en mottes à brûler. (2)

L'avelanede ou *velani*, qui est la cupule du gland de l'espece de chêne appelée *quercus orientalis glande majori* (*Tournefort*), ou *quercus cerris* (*Linnæus*), sert encore dans les tanneries et les teintures; les Levantins en font des chargements à *Setines*. (3)

La meilleure encre se prépare avec les noix de galle, qui sont des excroissances produites par la piqure d'un moucheron sur la feuille de l'espece appelée *rouvre*. La physique applique encore les noix de galle aux expériences sur les eaux minérales et à d'autres usages.

Le kermès, ou graine d'écarlate,

est un autre gallinsecte que l'on trouve sur une espece de chêne verd, (*quercus coccifera*) : on le récolte en Italie et dans nos départements méridionaux. Il s'emploie pour teindre en rouge, et sert encore dans la médecine, ainsi que les lichen pulmonaires et l'agaric. Si l'on en croit Duchoul, cette derniere substance est un spécifique contre une foule de maladies (4) ; mais la propriété la plus certaine de l'agaric, converti en amadou, est d'allumer le tonnerre pour foudroyer nos ennemis et défendre la liberté, dont le chêne est le symbole.

Nous avons parlé de l'utilité du gland, qui ne sert plus qu'aux animaux, mais dont une espece a nourri et pourroit encore nourrir les hommes. Ainsi le bois, l'écorce, le fruit du chêne, tout est utile : il n'est pas jusqu'aux insectes logés dans ses feuilles, jusqu'aux plantes parasites attachées à sa surface, que les arts ne réclament pour les appliquer à nos besoins.

Parlerons-nous de son port, de sa grosseur? Il est sans doute dans les autres contrées du globe des arbres plus gros. Le baobab, ou *pain de singe* du Sénégal, qui a jusqu'à 27 pieds de diametre, paroît être entre les végétaux ce qu'est l'éléphant parmi les animaux. On cite à la vérité quelques especes encore plus colossales; tel est l'arbre *banyan*, dont Marsden a donné la description dans son Histoire de Sumatra (5). Outre ceux qu'il a vus dans l'isle, il cite un individu près Menjée, à 20 milles de Patna, dans le Bengale, qui avoit, dit-il, 374 pieds de diametre et 921 de circonférence. On remarquera d'abord l'inexactitude de ce calcul, puisque le rapport du diametre à la circonférence est à-peu-près comme un est à trois. En second lieu l'arbre *banyan* pousse des racines ou filets de ses grosses branches ; elles s'enfoncent en terre, deviennent de nouveaux troncs, qui à leur tour en produisent d'autres ; et celui dont on vient de parler avoit, dit l'auteur, 50 à 60 troncs.

Tel est aussi le fameux *castagno di cento caballi*, le châtaignier de cent chevaux, que l'on trouve à la seconde région de l'Etna, et dont Brydone et Sestini ont donné la description (6) : on n'en voit plus guere que l'écorce. Le diametre est de 37 pieds et demi : dans l'intérieur est un joli petit pré. Mais les auteurs prétendent que cette prodigieuse végétation est formée de plusieurs troncs voisins qui se sont unis.

Peut-être faut-il placer dans la

même catégorie l'if de Fotheringal, près de Taymouth, en Ecosse, qui a été décrit par plusieurs auteurs, et récemment encore par Gilpin dans ses *Remarques sur les scenes forestieres :* il lui donne 56 pieds et demi de circonférence.

Evelyn assure qu'autrefois à Saint-Nicolas-de-Port, dans la ci-devant Lorraine, on voyoit une table de noyer de 24 pieds de large. Il invoque le témoignage de Scamozzi : mais, outre que toutes les données acquises sur le maximum de grosseur que peut atteindre le noyer releguent ce récit dans la classe des mensonges, il est à remarquer que la citation est infidele. Scamozzi dit avoir vu à Saint-Nicolas une table de noyer qui avoit 25 pieds de longueur avec épaisseur et largeur proportionnées (*lunga venti cinque varghi*). Evelyn met 25 pieds de largeur (*twenty fiwe feet broad*) avec épaisseur et longueur proportionnées. Cette observation critique m'a paru propre à mettre le lecteur en garde contre les assertions exagérées. (7)

Aucun arbre ne peut contester au chêne d'être la gloire de nos forêts. L'Histoire naturelle fait mention d'un grand nombre de chênes remarquables par leur énorme grosseur ; tels sont ceux de la nouvelle forêt de Hampshire.

Tels sont aussi : ce chêne creux, à côté de la demeure du grand juge Morton, qui servoit de prison provisoire ; (8)

Le *chêne des dames*, *lady's-oak*, dans le parc de Sheffield : il fut coupé. Quel dommage, dit un écrivain, qu'un si bel arbre ait été dévoué à Vulcain !

Le chêne de Torwood, en Stirlingshire, qui, d'après les débris du tronc, paroît avoir eu 11 à 12 pieds de diametre. (9)

On a vu en Allemagne un chêne de 130 pieds de hauteur. Ray, qui lui en donne 30 de diametre, et Adanson, qui le répete après lui, paroissent avoir pris la circonférence pour le diametre. Ce qui porte à le croire, c'est qu'Adanson lui-même ne donne que 26 à 27 pieds de diametre aux plus forts baobabs qu'il ait vus en Afrique; et Ray, sur le témoignage duquel il appuie son assertion, ne se donne pas pour témoin oculaire; il dit *fertur*, on raconte. C'est encore sur ouï-dire qu'il assure qu'en Westphalie un chêne servoit de citadelle. (10)

On sait que les anciens se réfugioient dans les creux des chênes. Quelques uns de ces arbres sont tellement volumineux, qu'un seul pied sert à former une pirogue capable de contenir un assez grand nombre de personnes. Mais l'assertion de Ray paroît aussi exagérée que celle de Plot, qui, dans son Histoire naturelle du comté d'Oxford, parle d'un chêne capable d'ombrager 304 cavaliers et 4,374 piétons. Je ne vois pas d'ailleurs de proportion entre ces deux nombres.

Un des plus grands chênes connus est celui de Welbelk, dans le comté de Nottingham, qu'on appelle *le chêne de la vallée verte*. Evelyn en a donné une description intéressante, qui, dans les dernieres éditions, est embellie de gravures. D'après les dimensions les plus exactes il a 33 pieds 1 pouce de circonférence. La vétusté l'a creusé à un tel point, qu'un chemin est pratiqué dans l'ouverture; les cavaliers y passent. (11)

Parlerons-nous de la longévité du

chêne ? les faits se présentent en foule. La croissance, la grosseur et la durée des arbres, comparée à celle des animaux, offre des rapprochements curieux dont la philosophie n'a pas encore présenté tous les résultats. Je ne citerai pas Martin, qui, dans son Histoire de la religion des Gaulois (12), accumule les témoignages d'Isidore, de saint Jérôme, de Sozomene, pour prouver que du temps d'Eusebe de Césarée le fameux chêne de la vallée de Mambré, sous lequel Abraham exerça l'hospitalité, existoit encore ; car il reste à savoir si cet arbre n'étoit pas un térébinthe, comme le prétendent plusieurs érudits.

Pausanias, après avoir dit qu'en Grece on trouvoit beaucoup d'arbres extrêmement vieux, place au premier rang un osier que l'on voyoit au temple de Junon à Samos ; au second rang le chêne de Dodone, l'olivier de la citadelle d'Athenes, et un palmier de Délos ; au troisieme rang un laurier vanté par les Syriens ; et ensuite le platane que Ménélas avoit, dit-on, planté en Arcadie lorsqu'il étoit sur le point d'aller faire le siege de Troie. (13)

Pline nous dit que dans l'immense profondeur de la forêt Hercinie on trouvoit des chênes d'une grosseur étonnante, et qui paroissoient aussi anciens que le globe (14). Le même écrivain cite une yeuse, qui de son temps existoit encore au Vatican, et dont l'âge, attesté par une inscription étrusque, prouvoit qu'elle étoit antérieure à la fondation de Rome, c'est-à-dire qu'elle avoit plus de sept siecles. Dût-on contester l'authenticité de cette anecdote, personne, sans doute, ne sera de l'avis de l'auteur du poëme des Mois

(Roucher), qui attribue au chêne cinq fois la vie d'un homme, calculée à 60 ans ; ce qui ne feroit que trois siecles. Adanson, qui lui en accorde le double, a pour lui les naturalistes et l'expérience. (15)

Il paroît constant que le chêne est à-peu-près 200 ans à croître, autant de temps stationnaire, et autant à dépérir ; il ne décline qu'après avoir, pendant des siecles, bravé les tempêtes, et vu les générations s'écouler sous son ombre. Aucun arbre ne peut donc lui disputer la gloire d'être le symbole de la liberté et des vertus républicaines.

Les especes de chêne sont très variées ; la plus belle prospere à toutes les latitudes de la France, à toutes les expositions, dans les plaines et les vallées comme sur les montagnes, dans les lieux secs et les lieux humides : elle préfere un bon terrain, mais elle domte la résistance que lui oppose un sol maigre.

Je ne m'étendrai pas sur sa culture, divers auteurs ont traité cet objet. On peut recommander surtout l'ouvrage fait par Juge de Saint-Martin. (16)

Cependant la lenteur de sa croissance, la nécessité de lui donner un précurseur qui développe rapidement une belle tige, en attendant que le chêne se soit assuré la prééminence; le besoin de favoriser sa végétation par la végétation respective d'autres plantes, celui d'abriter le jeune individu contre la tourmente des vents, enfin l'intérêt de l'économie rurale, ont fait naître des idées accessoires, que je vais développer.

Dans les communes divisées en sections, chacune de ces sections cultiveroit un arbre dont elle porteroit le nom ; et la commune, collectivement considérée, auroit *le chêne, l'arbre de la liberté*, dans le local destiné à réunir tous les citoyens pour ses jeux et les fêtes nationales, ce qui suppose un emplacement ſavorable au développement de la végétation.

L'intérêt national commande impérieusement de multiplier les especes de végétaux sur notre sol. Cette vérité acquiert un nouveau poids quand on pense que la dévastation progressive des ſorêts est effrayante.

Chaque arbre de la liberté seroit entouré d'une plantation d'especes quelconques les plus propres à ſavoriser son éducation, en formant un bosquet dont la ſorme et l'étendue seroient subordonnées aux localités.

Pour composer ce bosquet, une

espece d'arbres d'une utilité reconnue seroit recommandée, spécialement à la sollicitude, à l'émulation de chaque département, sans exclusion toutefois des autres especes, soit à raison des variétés du grain de terre, soit pour ne pas heurter la difficulté de se les procurer; car quelques exceptions aux principes que j'expose résulteroient nécessairement de la disparité de sol et de climat dans quelques parties de la République, telles que nos colonies; mais on y trouve, pour suppléer le chêne, une foule de beaux arbres qui ne laissent que l'embarras du choix.

Ces idées supplémentaires au plan principal paroissent présenter l'utile uni à l'agréable : elles peuvent provoquer la plantation de plusieurs millions de pieds d'arbres, en réveillant l'attention des citoyens qui appliqueroient nos réflexions à leurs spéculations particulieres, et donneroient un degré d'impulsion à la physique végétale, dont les progrès sont d'une si haute importance pour la République. Peut-être sentira-t-on qu'il est possible, et que dès lors il est nécessaire, dans des rues infectes de diverses communes, de faire des plantations, qui seront quelquefois un principe de salubrité et toujours une source d'agrément. Tel étoit Chalcis, où les places publiques étoient décorées par des forêts qui suivoient toutes les sinuosités des rues.

Les moyens que nous proposons affermiront encore l'amour de la patrie, en lui présentant des souvenirs précieux et des objets propres à l'alimenter; l'amour de la nature, dont le citoyen se rapprochera pour travailler à son bonheur : il ne le perd que quand il s'en éloigne.

CHAPITRE VI.

RÉFLEXIONS CIVIQUES SUR L'ARBRE DE LA LIBERTÉ.

SHAKESPEARE, né à Stratford dans l'indigence, s'y retira à l'âge de 46 ans. Il planta un mûrier, qui prospéra et couvrit de ses rameaux l'asyle du poëte. Après la mort de Shakespeare, ses concitoyens, qui savoient apprécier un grand homme, étendirent leur vénération même à l'arbre qu'il avoit planté.

En 1769 un ministre achete dans cette ville un domaine qui comprenoit le jardin où existoit encore le mûrier chéri, et, sous prétexte qu'il bornoit la vue, qu'il rendoit la maison humide, une nuit il abat le mûrier. Cette nouvelle jette la ville dans une consternation générale : Rome, dit un écrivain qui nous fournît cès détails, Rome n'eût pas été plus alarmée d'apprendre que les feux de Vesta étoient éteints. Alors tous les citoyens jurent de venger cet attentat ; ils entourent la maison du ministre, qui eut l'adresse de s'échapper.

L'arbre abattu fut acheté par un ouvrier; il en fit divers ustensiles, des tasses à thé, des écritoires, des tabatieres, qu'on vendoit comme des bijoux, et qui se payoient au prix de l'or.

Les officiers municipaux de Stratford, qui avoient gardé pour eux la meilleure partie de ce bois, écrivirent à Garrick pour lui demander une statue ou un buste de Shakespeare ; la lettre étoit enfermée dans une boîte de l'arbre du poëte. Garrick conçut alors en son honneur le projet d'une fête jubilaire, qui fut célébrée avec la plus grande pompe, et dont l'histoire s'est empressée de recueillir les détails.

Vous qui nous-parlez de l'arbre de Shakespeare, quand aurez-vous l'arbre de la liberté ? Est-il vrai que dans le Northampton il y avoit, il y a peut-être encore le *chêne du roi Etienne*, qu'un troupeau d'esclaves alloit tous les ans visiter avec respect ? Rappellerons-nous les récits puérils de vos historiens concernant le chêne qui servit d'asyle à Charles second après la déroute de Worcester? Halley prostitua son génie en donnant à une constellation de l'hémisphere méridional le nom de *chêne royal*, comme autrefois Conon de Samos, en plaçant dans le ciel la chevelure de Bérénice. Mais bientôt l'astronomje, souillée de ces noms, doit se purifier au creuset révolutionnaire (1) : tout ce qui est royal ne doit figurer que dans les archives du crime.

La destruction d'une bête féroce, la cessation d'une peste, la mort d'un roi, sont pour l'humanité des motifs d'alégresse. Tandis que par des chansons triomphales nous célébrons l'époque où le tyran monta sur l'échafaud, l'Anglais avili porte le deuil anniversaire de Charles premier, l'Anglais s'incline devant Tibere et Séjan : mais la liberté plane sur les montagnes de l'Ecosse ; les ombres de Sidney, de Pym et de Hampden errent autour des défenseurs de l'éternelle justice.

Quoique le parlement britannique soit vendu à l'iniquité, c'est peut-être de son sein même que s'échappera le signal d'une révolution nouvelle ; car il renferme quelques philosophes amis de la vertu et des droits du peuple. Ah ! qu'ils ne se découragent point ; qu'ils aient une marche intrépide et concertée :

la massue de la vérité est en leurs mains ; avec elle ils terrasseront les brigands de la cour de Saint-James, et planteront sur les cadavres sanglants de la tyrannie *l'arbre de la liberté*, qui ne peut prospérer s'il n'est arrosé du sang des rois.

La main impure de Capet avoit deshonoré un arbre planté dans le jardin national au nom de la liberté qu'il vouloit assassiner : la Convention nationale a autorisé les jeunes orphelins des défenseurs de la patrie à le renverser pour lui en substituer un autre. (2)

De toutes parts à côté du drapeau tricolor s'élevent des tiges républicaines ; déja le symbole de la liberté devient celui de l'union entre les peuples. Des citoyens français et genevois, réunis dans une fête, ont décidé que l'arbre de la *fraternité* orneroit les limites des deux états.

Vingt sociétés populaires, rassemblées à Die, ont arrêté que l'*arbre de la liberté* seroit planté sur Glandosse, une des plus hautes montagnes du département de la Drôme, qui a déployé une sainte énergie contre les fédéralistes du midi. (3)

Au retour annuel de l'automne les Romains vont en foule visiter le chêne de la galerie d'Albano, qu'on dit être contemporain de la république; ils croient encore respirer là l'air que respiroient leurs ancêtres avant que Rome eût subi le joug; leurs cœurs s'attendrissent à la vue de cet arbre qui leur retrace l'image de la liberté. Un peuple qui chérit de tels souvenirs donne des espérances; et ce chêne, le Nestor de son espece, fournira peut-être encore des couronnes civiques à ses véritables libérateurs.

L'arbre de la liberté s'éleve sur les

sommets des Alpes; un jour il ombragera le front sourcilleux de l'Apennin ; l'Italie relevera sa tête humiliée, et le siecle nouveau qui va naître sera sans doute l'époque de son réveil. Les peuples tourneront alors leurs regards affectueux vers la France. . . . . , vers la France qui venge leurs droits et proclame leur imprescriptible souveraineté. Alors ils courront aux armes pour exterminer jusqu'au dernier rejeton de la race sanguinaire des rois ; et l'arbre de la liberté, indigene parmi nous sous tous les rapports, s'acclimatera dans des contrées lointaines, et couvrira de ses rameaux les rives du Bosphore et celles de la Newa.

Arbre chéri, que tes racines pénétrant un sol fertile y pompent des sucs abondants et généreux ; que ta cime, s'élançant loin de la terre et fuyant dans les nuages, défie la fureur des autans; que la hache n'approche jamais de ta tige que pour frapper quiconque oseroit porter sur toi des mains téméraires; que la tempête, passant avec respect sur ton horizon, ne t'envoie que des rosées bienfaisantes, tandis qu'elle lancera la foudre sur tous les trônes!

Quand les poëtes peignent les délices de la vie patriarchale, ils nous montrent des arbres qui rassemblent des familles sous leurs rameaux protecteurs. L'homme, fatigué par l'âpreté du travail et le tourbillon des affaires, appelle le plaisir; et le plaisir lui montre un ombrage frais où l'on respire un air pur, où la gaieté pétille. Ainsi, près des murs de Strasbourg, tandis que les esclaves de l'Autriche traînoient leurs fers sur la rive opposée du Rhin, les Français libres se réunissoient en foule sous *l'arbre verd*. Un escalier peint en verd montoit spiralement sur le contour de son tronc, et deux étages de galeries suspendues dans ses rameaux retentissoient des accents de la joie et des chants de la liberté.

Et vous, guerriers français, dont la valeur, qui n'eut de modele chez aucun peuple, surpasse ce que l'on raconte de tous les peuples, tandis que sous les drapeaux de la liberté vous combattez pour vos meres, vos femmes, vos enfants; vos enfants, vos épouses et vos meres, réunis sous l'arbre de la liberté, entonnent les hymnes du patriotisme et préparent les couronnes civiques que nos mains vous destinent.

Mais il faut auparavant que la République triomphante, élevant sa tête majestueuse, reçoive les homimages de l'univers. Les Français l'ont juré, le ciel est témoin de leurs inviolables serments ; ils existeront libres, ou ils cesseront d'exister ; et nous déclarons la guerre à quiconque oseroit parler de paix avant que tous nos ennemis aient mordu la poussiere.

Alors seulement, alors nous laisserons reposer nos armes, toujours acérées, toujours prêtes à se lever contre quiconque oseroit attenter à nos droits.

L'arbre de la liberté croîtra ; avec lui croîtront les enfants de la patrie ; à sa présence ils éprouveront toujours de douces émotions. Sa verdure fixera leurs regards par la couleur la plus amie de l'œil et la plus répandue dans la nature ; dans les beaux jours de l'été ils iront lui demander de la fraîcheur : et ce chêne dont les rameaux sortent à angles droits étendra son ombrage sur la famille commune. Il verra les mains de la fraternité s'enlacer par le plaisir dans des jeux auxquels présidera toujours l'innocence.

Les monuments qu'éleve la tyrannie attestent les calamités de l'espece humaine; celui-ci est le gage de notre bonheur ; contemporain de la révolution et pour ainsi dire dépositaire des évènements qui la signalent, il les retracera sous les yeux de la postérité.

Là les citoyens sentiront palpiter leurs cœurs en parlant de l'amour de la patrie, de la souveraineté du peuple, de l'unité, de l'indivisibilité républicaine ; et l'étranger admis à ces scenes ravissantes en sortira pénétré d'admiration envers ce peuple qui s'est dévoué pour la liberté du monde.

Là ils rediront comment la Convention nationale sut écraser le royalisme, le fédéralisme, et comment, à travers les trahisons et les tempêtes, elle conduisit au port le vaisseau de l'état.

Là nos guerriers raconteront les prodiges de bravoure des soldats de la liberté en combattant les esclaves des rois : l'enfant qui court à la puberté enviera leurs honorables blessures, l'enfant d'un âge plus tendre tressaillira déja dans les bras de sa mere.

Sous cet arbre où se rassembleront ceux qui forment les extrémités de la vie. J'aidai à le planter, je l'arrosai, dira le vieillard en jetant sur le passé des regards attendris. Il est dans la vigueur de la jeunesse, et moi j'incline vers le tombeau. Vous qui nous succéderez dans la carriere, réunis sous ses rameaux, racontez à vos enfants quels furent nos efforts pour fonder la République ; que la tradition le répete aux générations les plus lointaines. Alors les enfants et les meres, en bénissant le vieillard, jureront de transmettre à leurs descendants la haine des rois, l'amour de la liberté sans laquelle il n'est pas de peuple, et l'amour de la vertu sans laquelle il n'est pas de liberté.

NOTES
DU
CHAPITRE PREMIER.

(1) Le lotus est représenté sur beaucoup de monnoies égyptiennes et sur la fameuse mosaïque de Palestrine. Voyez la savante dissertàtion de Barthelemi sur ce monument.

(2) Sur l'invitation de quelques gens de lettres, je reproduis ici le rapprochement curieux entre les *tuileries* d'Athenes et celles de Paris, que j'ai consigné dans mon *Systême de dénominations topographiques, etc. p.* 6 *et suiv.*

« Athenes étoit, comme Paris, divisée en sections, appelées *comé* : chacune veilloit à sa propre police sous la surveillance d'une autorité centrale.

Les deux principales promenades d'Athenes étoient les *tuileries*, ou *céramiques*, ainsi nommés parcequ'anciennement on y faisoit des tuiles, comme aux tuileries de Paris dans les treizieme et quatorzieme siecles.

Il y avoit deux *céramiques* ou *tuileries;* l'un dans l'enceinte, l'autre hors des murs de la ville. Dans le céramique externe Platon enseignoit la philosophie. On y révéroit les monuments des héros morts en défendant la patrie, excepté de ceux qui avoient péri aux Thermopyles et à Marathon : ceux-ci avoient été inhumés dans les lieux témoins de leur valeur.

Les tuileries situées dans la ville, et qui donnoient leur nom à l'une des sections d'Athenes, présentent un rapprochement d'une singularité piquante.

Là étoit le palais national de l'aréopage, composé de cinq cents représentants du peuple athénien, qui, pendant une année, exerçoient les fonctions de sénateurs.

Là étoit déposé le code des loix, l'acte constitutionnel de la république.

Là on montroit la place où s'étoit opérée la révolution du pays.

Aristogiton, que Thucydide et Lucien nous peignent comme le plus pauvre et le plus vertueux de ses concitoyens, comme un vrai *sans-culotte*, de concert avec son ami Harmodius, tua le *Capet* d'Athenes, le tyran Pisistrate, qui avoit à-peu-près l'âge et la scélératesse de celui que nous avons exterminé.

Ce même jour Harmodius, qui, d'après les détails que donne l'histoire, paroît avoir été de la caste privilégiée des *eupatrides*, fut, comme le Pelletier, assassiné pour avoir concouru à la destruction du tyran; et la royauté fut abolie dans Athenes à-peu-près à la même époque qu'à Rome.

Quelque temps après, toute la race des Pisistratides (les Bourbons d'Athenes) fut chassée du territoire de la république. Hippias, frere du tyran mis à mort, accompagné de quelques émigrés, traîna sa vie errante à Sigée et à Lampsaque. Il s'unit ensuite aux Perses pour faire la guerre aux Athéniens jusqu'à ce qu'il pérît à Marathon, suivant les uns, à Lemnos, suivant les autres.

A cette correspondance de noms et d'évènements, arrivés il y a vingt-trois siecles, à 400 lieues d'ici, j'ajoute encore quelques détails.

Le nom seul des Pisistratides éveilloit une sainte fureur dans l'ame des Athéniens : ils ne cessoient d'en rappeler l'exécrable mémoire à leurs enfants, en leur retraçant les maux que cette famille leur avoit causés. Ces sentiments étoient exprimés avec énergie dans les hymnes destinés aux fêtes et aux jeux publics. Une foule de chansons, dont il nous reste un fragment précieux dans Athénée, célébroient Harmodius et Aristogiton, comme chez nous on célebre les martyrs de la liberté.

Le génie des arts prodigua aux *tuileries* d'Athenes ses chefs-d'œuvre et sa magnificence, sur-tout dans les portiques, pour lesquels les Grecs avoient un goût passionné. On y plaça successivement les portraits des grands hommes, législateurs, écrivains, tyrannicides et guerriers. Le peuple y fit ériger en bronze celles de ses deux libérateurs : elles attestoient le génie de Praxitele, la reconnoissance nationale, et la haine de la royauté. Sous le regne de l'égalité Athenes s'éleva au faîte du bonheur, etc. » V. *Thucydide*, l. VI; *le Parasite de Lucien*; *Pausanias*, liv. I; *Pline*, l. XXXIV, c. IV; *Aulu-Gelle*, l. XVII, c. XXI; le *Ceramicus* et le *Pisistratus* de *Meursius*; *Paw*, *Recherches philosophiques sur les Grecs*, t. II, p. 4; et *passim Athénée*, liv. XV, etc.

(3) *Jules Pollux Onomasticon*, l. VIII, c. IX.

(4) *Philostrate*, *de Vitis sophistarum*, l. II.

Athénée, qui parle aussi du *figuier sacré*, l. III, fournit à son traducteur (Vilbrune) l'occasion de réfuter Casaubon qui en avoit nié l'existence.

(5) Voyez Athénée, l. XIV.

(6) Le *palmier* est avec le lion sur le bouclier trouvé dans le Rhône, et qui est au cabinet des médailles de la bibliotheque nationale. On trouve encore le palmier sur

toutes les monnoies d'Aradus. Cyrene avoit adopté le *silphium*. On ignore à-peu-près quelle étoit cette plante. Plusieurs auteurs ont prétendu que c'étoit celle qui fournit l'*assa fœtida*.

(7) *Caroli Aurivillii Dissertationes ad sacras litteras pertinentes*, *etc.*, Gottingue, 1790. On y trouve un extrait de l'ouvrage cosmographique de *Ibn Alvardi*. Après avoir dit que le palmier est béni dans toute la terre, il ajoute : *Honorate amitam vestram palmam. Appellatur autem amita nostra, quod creata est ex residuo glebæ Adami super quam pax sit.*

(8) Le *palta* ou *avocat* est le *laurus persea* de Linnæus. Il réussit parfaitement à Valence en Espagne, et prospérera probablement dans nos départements méridionaux. Le *lucuma* ou *jaune d'œuf* est l'*achras mammosa* de *Linnæus*.

NOTES DU CHAPITRE II.

(1) *Dryades* vient de δρῦς, *chéne*. Le mot *druilley* s'est conservé dans quelques parties de la ci-devant Aquitaine pour désigner ce que Secondat nomme le chêne mâle. V. Mémoires sur l'histoire naturelle du chêne, *in-fol.*

(2) Métamorphoses, l. VIII, fab. XI.

(3) V. Constantin Porphyrogenete *de Administratione imperii*, c. IX.

(4) V. Martin, Histoire de la religion des Gaulois, l. II, p. 291 et *passim.*

(5) Pline, l. XVI, *Artemidore oneirocritica*, l. II, c. XXIV. Le chêne de Chaonie et celui d'Espagne étoient, dit-on, de la même espece, *quercus esculenta.*

(6) *Alexander ab Alexandro*, *genialium dierum* l. II, c. V.

(7) V. Ovid. *in Fastis.*

(8) V. Aulu-Gelle, l. V, c. VI.

(9) V. Plutarque dans ses Questions romaines.

V. aussi *Paschasius de Coronis*, liv. VII. Cet ouvrage est assez bien digéré, et ce qui concerne le chêne est traité méthodiquement ; au lieu que les dissertations d'Aldrovande sur cet arbre sont, comme tout ce qu'il a écrit, un fatras sans critique et sans goût.

(10) V. Golzius, Morel, et Rasche, dans son *Lexicon universalis rei nummariæ*.

NOTES DU CHAPITRE III.

(1) V. *Meursii Arboretum sacrum*.

(2) Appien, *Bellum civile*, l. II.

(3) Joseph, Antiquités judaïques, l. XIX, c. II.

(4) Vid. *Alciati Emblemata*, *emblemà* 151, et *passim*, etc.

NOTES DU CHAPITRE IV.

(1) Histoire de la danse ancienne et moderne, par Cahusac, l. II, c. II.

(2) En Angleterre, pour désigner un homme si fier qu'on n'ose l'approcher, on dit proverbialement, *He is grown so high that a man dares not come near him by the length of a may-pole.*

(3) Voyez le Moniteur, n°. 144, (24 mai 1790.

(4) Décret du 3 pluviose.

NOTES DU CHAPITRE V.

(1) V. Mémoire sur le chêne, par Secondat, p. 32.

(2) Au nombre des avantages que nous devons à l'écorce du chêne on pourroit encore joindre les bouchons, car le liege, *suber*, est une espece de chêne.

(3) *La Guilletiere*, *Athenes ancienne et moderne*, p. 116.

(4) V. *De varia quercus historia*, par Duchoul, ch. V. Le même auteur fait observer, dans un autre chapitre, que cet arbre a fourni des surnoms à beaucoup de gens qui s'appellent *Duchêne*, *du Rouvre*.

(5) Voyez Histoire de Sumatra, par Marsden, ch. VII et XIV. Il observe que les habitants, sur-tout dans le sud de l'isle, croient que certains arbres fort vieux et très gros, tels que les bauyans, sont la demeure ou plutôt *la forme matérielle* des esprits des bois. Cette idée mythologique est analogue à celles qui concernent les *Dryades* et les *Hamadryades.*

(6) V. Lettres de Sestini sur la Sicile et la Turquie, t. II, p. 229 et suiv.

(7) V. Evelyn, *Sylva, ora discourse of forests trees, by John Evelyn.* London, 1776, in-4°. Scamozzi, *dell' Architettura*, l. VII, c. XXVI.

(8) Dans les premiers temps de la république romaine on faisoit des especes de coffres du chêne nommé *robur*, pour y renfermer les malfaiteurs; et le lieu le plus profond des cachots avoit conservé le nom de *robur. V. Sextus-Pompeius-Festus, de verborum Significatione*, l. XVI, au mot robum; et Secondat,

Mémoires sur l'histoire naturelle du chêne, p. 15.

(9) V. *Evelyn*, *passim*.

(10) V. Ray, *Historia plantarum*, l. I, c. XXII, et Adanson, Famille des plantes, p. 211.

(11) V. Evelyn, l. III.

(12) Histoire de la religion des Gaulois, par Martin, t. I, l. II.

(13) Pausanias, l. VIII.

(14) Pline, Hist. naturelle, l. XVI, c. XLIV.

(15) V. Adanson, Famille des plantes, préface, p. 218.

(16) V. Traité de la culture du chêne, par Juge de Saint-Martin, in-8°. Paris, 1788.

NOTES DU CHAPITRE VI.

(1) On prépare un travail pour républicaniser les dénominations astronomiques.

(2) Décret du 3 pluviose.

(3) V. Procès-verbal de l'assemblée tenue à Die, etc.

FIN DES NOTES.

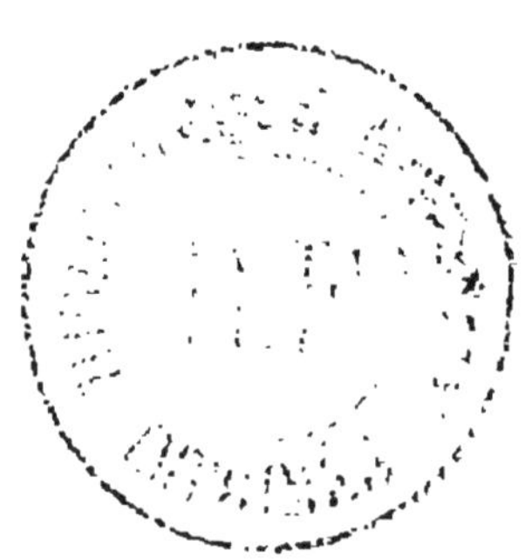

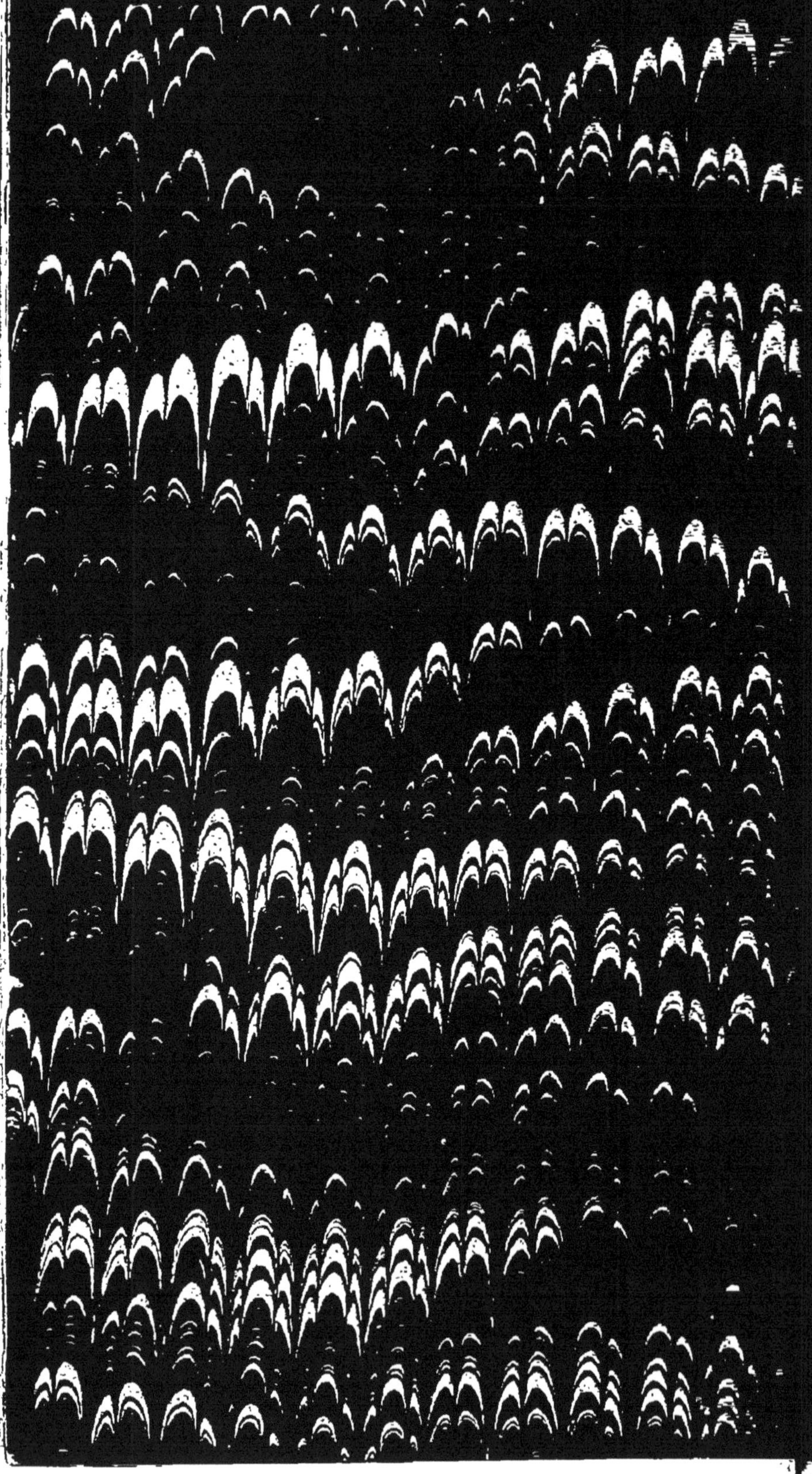

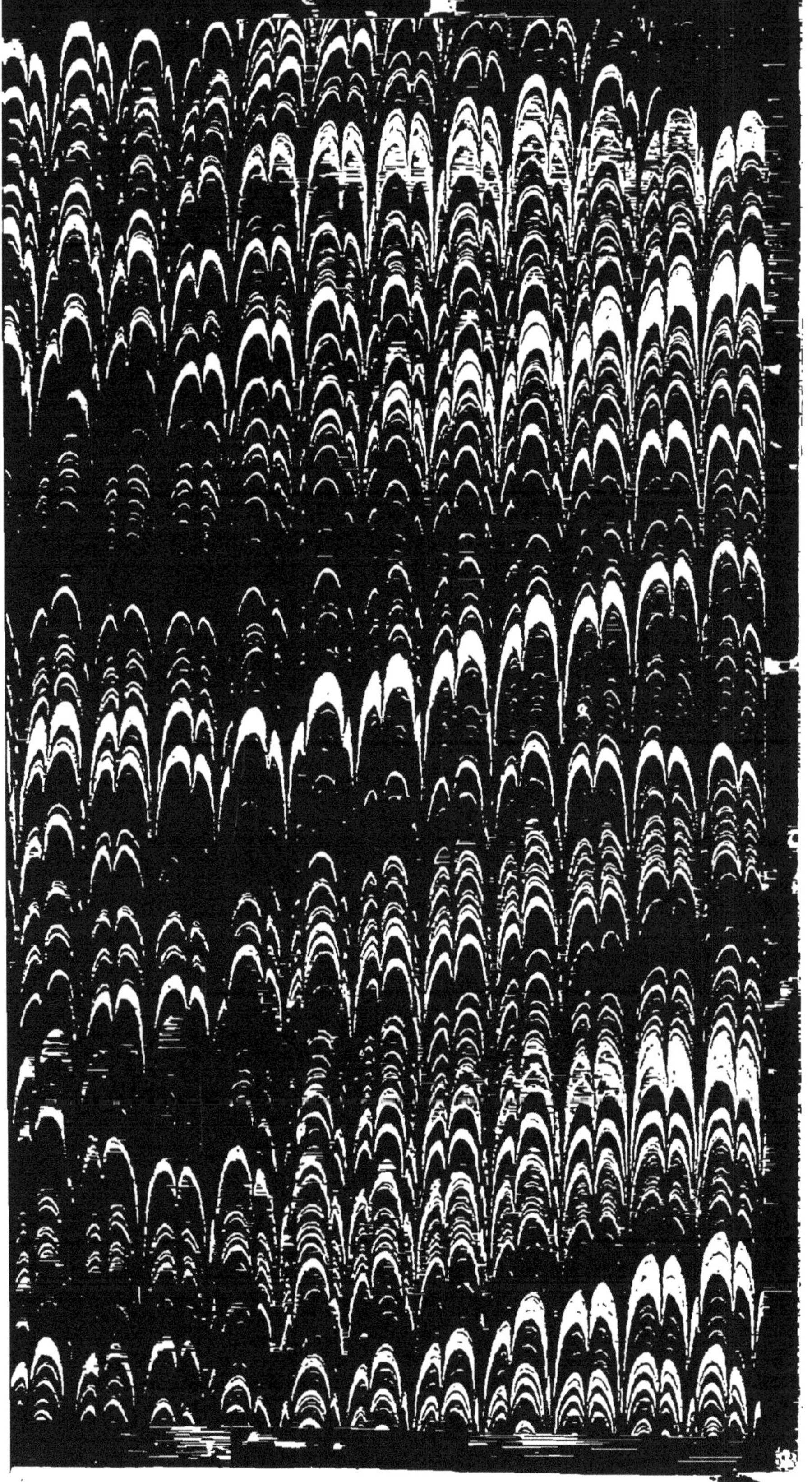

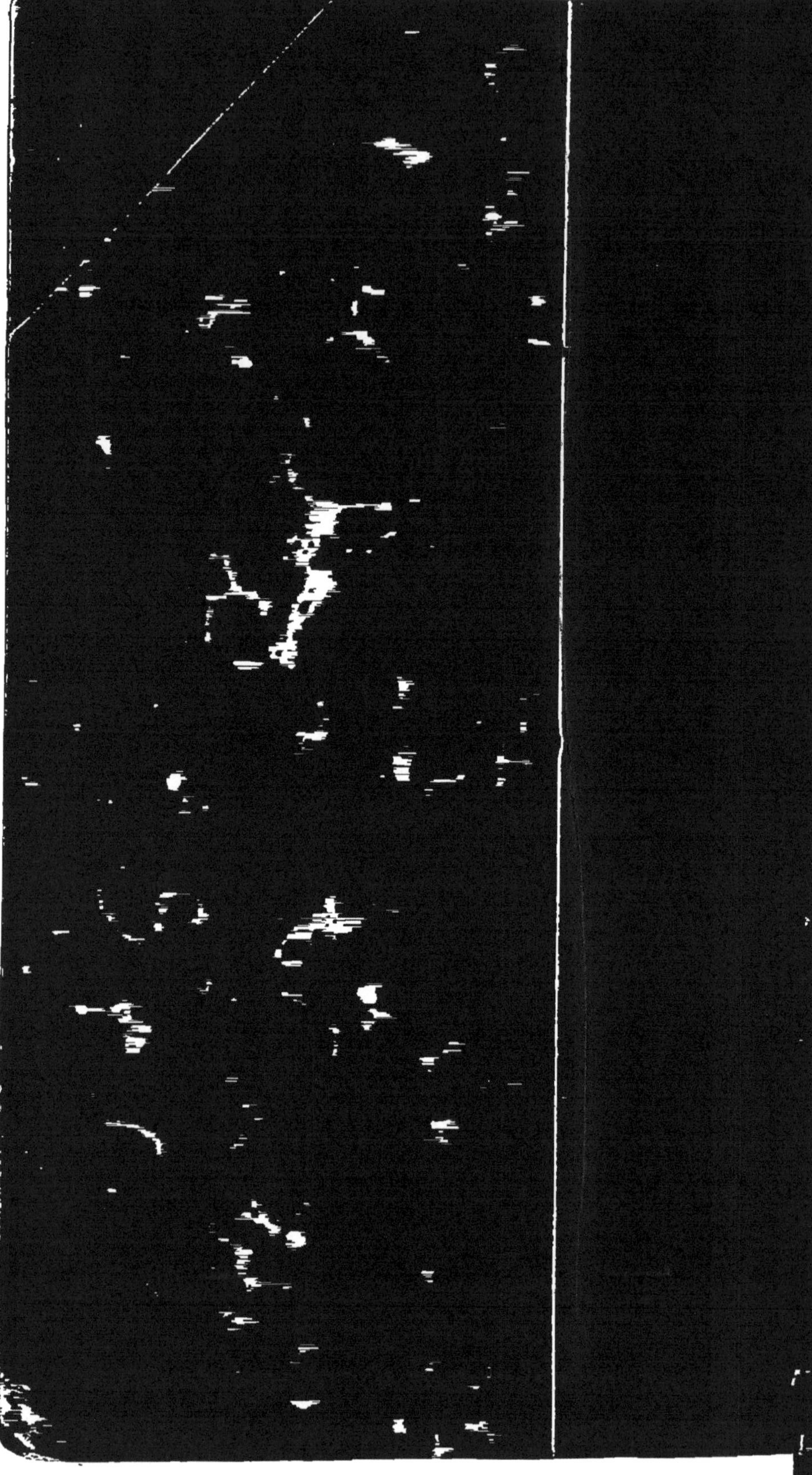

www.ingramcontent.com/pod-product-compliance
Ingram Content Group UK Ltd.
Pitfield, Milton Keynes, MK11 3LW, UK
UKHW020314220726
13923UKWH00003B/1139